Bibliothèque Catholique de Toulouse

UN ÉPISODE DE LA TRAPPE

RELATION

DE

la Vie & de la Mort du frère Palémon

DANS LE MONDE

COMTE DE SANTENA

TOULOUSE,

Chez **L. CLUZON**, libraire, rue St-Rome, 50,

Et dans toutes les Librairies religieuses.

1861

RELATION

DE

LA VIE & DE LA MORT DU FRÈRE PALÉMON

DANS LE MONDE

COMTE DE SANTENA

Toulouse. — Typographie BAYRET, PRADEL et Ce,
place de la Trinité, 12.

UN ÉPISODE DE LA TRAPPE

RELATION

DE

la Vie & de la Mort du frère Palémon

DANS LE MONDE

COMTE DE SANTENA

Par l'abbé L. P.....

TOULOUSE,

Chez **L. CLUZON**, libraire, rue St-Rome, 50.

Et dans toutes les Librairies religieuses.

1861

CHAPITRE PREMIER.

Motifs qui engagent à écrire cette vie

Si l'on doit révéler les merveilles de Dieu et les rendre publiques comme nous l'apprenons des divines Écritures, c'est particulièrement quand il en naît une utilité véritable pour la sanctification des personnes dont elles sont connues ; en ce cas, ce serait aller contre toutes les règles de la charité et de la justice que de les taire ; c'est ce qu'on peut appliquer à la conversion des grands pécheurs ; et s'il n'est rien qui puisse donner une plus haute idée de la bonté de Dieu, et qui soit plus capable d'exciter les hommes à retourner à lui, il n'est rien aussi que l'on doive publier davantage, que le repentir et le retour de ceux qui avaient abandonné ses lois saintes pour suivre les dérèglements de leur cœur et l'emportement de leurs passions ! C'est ce qui nous engage à raconter ce que l'on a su et ce que l'on a vu de cette vie si rigoureuse et si pénitente que le comte de Santena a menée dans le monastère de la Trappe, depuis le jour qu'il y est entré jusqu'à sa mort.

Le frère Palémon, nommé dans le monde le comte de Santena, était Piémontais d'origine, fils du marquis de Tana, gouverneur de Turin, et l'un des plus grands seigneurs du pays.

Ayant embrassé la carrière des armes, il fut dans cette profession tel que sont presque tous ceux qui s'y engagent : le plaisir, la gloire et l'ambition furent ses idoles.

Uniquement attaché aux choses présentes, sans crainte et sans aucune espérance pour l'avenir, on peut dire avec assurance que le soin de son salut fut au nombre des choses dont il n'avait ni sentiment, ni pensée; et si on veut croire à sa parole, il y a peu de gens qui aient porté plus loin que lui l'iniquité. Depuis sa retraite, en effet, on lui a ouï dire bien souvent qu'il avait fait toutes sortes de crimes, et que s'il y en avait quelqu'un dans lequel il ne fût pas tombé, c'est qu'il n'avait pas eu intérêt ou occasion de le commettre.

Ce sentiment était tellement gravé dans le fond de son cœur, que si on n'eût arrêté son zèle, il l'eût fait afficher dans tous les carrefours et dans toutes les places du royaume.

Ce lui eût été, en effet, une consolation sensible de donner au public une déclaration exacte de tous les dérèglements et de tous les excès de sa vie. Et voilà précisément ce qui fait voir quelle a été sur lui la grandeur des miséricordes de Dieu, qui l'a prévenu dans le milieu de ses égarements, et retiré de cet abîme de maux et de désordres où il s'était précipité par un aveuglement volontaire.

Parler de la méchante vie des grands pécheurs, et la mettre en son jour quand ils l'ont finie dans l'impénitence, c'est couvrir leur mémoire de honte et de confusion ; mais la rappeler lorsqu'ils l'ont terminée par une conversion sincère et profonde, c'est faire leur éloge et leur panégyrique ; et puis, c'est en cela que paraît la gloire de Jésus-Christ, l'exaltation de son saint nom, et il n'y a vraiment rien où la richesse de sa miséricorde se montre avec plus d'éclat, que quand il soumet ces âmes rebelles qui avaient levé l'étendard contre lui avec plus d'insolence et de témérité, *Magnificentia Dei, justificatio peccatoris;* je dis cela pour ceux qui pourraient s'imaginer que nous aurions inconsidérément rendu public ce que nous devions cacher sous les voiles du silence.

CHAPITRE II.

Conversion du Comte de Santena.

Le comte de Santena languissait donc, sans s'en apercevoir, dans les ténèbres et dans les horreurs d'une nuit profonde ; il était chargé de chaînes, accablé du poids de ses péchés, sans que sa captivité, toute affreuse qu'elle était, lui fût sensible, lorsque Dieu frappa son cœur, lui ouvrit les yeux et lui donna des vues qui le surprirent, et dont il n'avait jamais eu la moindre idée.

Parti de Lille avec son régiment qui eut ordre de venir en garnison à Béthune, il fut obligé de monter dans son carrosse, parce qu'il ressentait de vives souffrances à une jambe. Etant seul, il fallait chasser l'ennui et tromper sa douleur; il prit donc l'histoire de Joseph qu'il avait portée avec lui et la lut. Cette lecture réveilla dans son esprit quelques réflexions légères sur la grandeur de Dieu et sur sa puissance. Lorsqu'il fut arrivé, il soupa avec ses officiers, parlant en sa manière et de son air accoutumés des choses du monde. Il se coucha ensuite, mais au lieu du repos qu'il cherchait, il se trouva dans une inquiétude violente.

Il passa le lendemain à son ordinaire; mais il n'eut pas plutôt regagné sa couche, que les pensées de la nuit précédente le reprirent avec encore plus d'importunité qu'auparavant : il eut alors un pressentiment de la mort de son père, qui mourut en effet cette même nuit, quoiqu'il n'eût aucune nouvelle de sa maladie. Longtemps il chercha le sommeil; mais celui-ci semblait s'obstiner à s'éloigner de ses paupières; il se débattait ainsi, lorsque les réflexions de la veille revinrent assaillir son esprit. Retournant son cœur vers Dieu par un mouvement subit, il s'écria : *Si vous êtes le même Dieu dont je lisais hier tant de merveilles, et que vous vouliez quelque chose de moi, parlez et dites ce que vous voulez que je fasse.* Après ces paroles, il se leva pour adorer Dieu ; mais une lumière vive et subite illumina son esprit, et au même instant il commença à regarder comme des vérités ce qu'il avait considéré jusque-là comme des fables et des histoires faites à plaisir. Assez semblable à un homme qui s'éveillant d'une ivresse profonde, ou sortant d'une létargie mortelle, voit confusément et sans distinction les objets qui frappent ses sens, l'éternité se montra à lui et lui parut comme au travers d'un voile ; enfin il crut ce qu'il n'avait point cru jusqu'alors ; et s'étant recouché, ses inquiétudes cessèrent le laissant pour le reste de la nuit dans un sommeil paisible.

Jésus-Christ, qui ne voulait pas que cette âme, sur laquelle il avait de si grands desseins, lui échappât, l'éclaira, le pressa, et forma dans son cœur des mouvements si vifs et si prompts, qu'aussitôt qu'il vit le jour il se leva, et sans délibérer davantage, il s'en alla dans l'église des Jésuites, où sa providence l'adressa à un Père des plus anciens qui avait l'esprit de Dieu, et à qui pour l'ordinaire les gens de guerre avaient recours quand ils voulaient parler de leur conscience. Le Comte, ouvrant son cœur, redit à ce nouvel Ananie l'état, l'agitation et le trouble où il s'était trouvé pendant le cours de la nuit précédente. Le Père l'ayant assuré que ce qui lui était arrivé n'était que l'effet d'une grâce toute particulière de Dieu, qui lui tendait la main pour lui faire miséricorde et pour le retirer des égarements où il avait vécu, le nouveau Paul fut tellement touché de ce qui lui était dit, que sur le champ il fit une déclaration sincère de ses fureurs, de ses emportements et de ses extravagances passées : l'homme de Dieu le consola, le fortifia, et il reçut du Seigneur tant de grâces, il lui fut accordé tant d'horreur de tous ces crimes dont il venait de décharger sa conscience, qu'il prit une résolution ferme de chercher désormais Jésus-Christ, de s'attacher uniquement à lui, et de renoncer, pour le suivre, aux emplois, aux biens, aux plaisirs, aux honneurs, aux fortunes de ce monde.

Dieu lui ayant inspiré de faire connaître son dessein à quelques personnes de piété, afin que celles-ci lui pussent aider et lui en rendre l'exécution plus facile, il jeta les yeux sur le C. du Ch. qu'il avait vu à la cour. Ce dernier l'avait quittée depuis quelque temps pour se retirer à l'Institution de l'Oratoire, où il menait une vie très chrétienne et très pénitente. Le Comte écrivit donc à cet homme de bien, lui ouvrit son cœur, et le pria de lui ménager chez les Pères de l'Oratoire une cellule, puis un réduit pour un valet, et de faire en sorte qu'ils se contentassent d'une pension des plus médiocres, parce que la Savoie ayant eu le malheur de se déclarer contre la France, il se trouvait sans aucun bien, et cependant toutes ses vues, désormais, n'allaient qu'à servir Dieu dans la retraite et dans la pénitence.

Le C. du Ch. ne manqua pas de lui écrire, il l'encouragea, il l'excita à ne pas différer de suivre l'esprit qui le poussait, lui promettant de l'aider énergiquement dans l'exécution de son dessein ; cette réponse toucha le Comte et lui donna de nouvelles forces ; l'ayant montrée au Père qui l'avait confessé, celui-ci l'approuva et lui dit qu'il ne pouvait mieux faire que de suivre le conseil qu'on lui donnait, et de se retirer à l'Oratoire. Ce fut pour lors que ses ardeurs augmentèrent, qu'il renonça entièrement au monde, et qu'il comprit que tout le bonheur d'un chrétien était d'appartenir à J. C., de lui plaire, de régler sa vie sur les sentiments qu'il lui avait inspirés, et de se mettre en état de lui garder la fidélité qu'il lui avait promise. Étant parti peu de temps après, il vint à Paris et se logea à l'Institution de l'Oratoire, avec la résolution bien arrêtée d'y passer le reste de ses jours dans des actions de piété, soutenu par les instructions et par les avis des prêtres qui gouvernent cette communauté. Une petite maison ayant été construite, on la disposa de manière qu'il n'y eût de logement que pour lui et pour un valet ; car son dessein (comme nous l'avons déjà dit) était de vivre dans la solitude d'une vie pauvre, de s'occuper à la lecture, à la prière, au travail des mains ; ses pensées pour lors n'allèrent pas plus loin, et c'est à cela qu'il borna toutes ses vues.

Il commençait à jouir du fruit de sa retraite, à goûter le plaisir qu'il y a d'élever son cœur au-dessus des choses présentes, en portant ses espérances dans l'avenir, lorsque la Providence permit qu'il fit un voyage au monastère de la Trappe, dont il avait entendu parler dans le monde ; la vie que l'on mène dans ce désert lui plut, il y fut édifié de l'austérité qui s'y pratique. Il s'informa particulièrement de la qualité et des dispositions des sujets qui avaient embrassé une profession qui lui paraissait si extraordinaire, et ne put s'empêcher de dire qu'il trouvait heureux ceux que Dieu destinait à un état d'une si grande perfection ; il avoua que s'il l'avait connu tel qu'il le voyait, il ne se serait pas arrêté à celui qu'il avait choisi. Cette vue ne fit point alors d'autre impression sur son esprit : il retourna à Paris, et suivit son premier plan et son premier dessein.

CHAPITRE III.

Le Comte prend la résolution d'entrer à la Trappe.

Peu de mois après, il retourna à la Trappe avec quelques-uns de ses amis ; au jour où ils y arrivèrent, on y faisait les obsèques d'un jeune religieux qui avait quitté l'emploi de la guerre pour se retirer dans ce monastère ; c'était un gentilhomme natif de St-Omer, naguère capitaine dans un régiment d'infanterie : le père Abbé avait fait le récit

de sa mort et en avait rapporté les circonstances principales, elles touchèrent le comte
de Santena. Il faut dire, ici, que la coutume
du monastère est de revêtir de leurs habits
réguliers les religieux qui viennent d'expirer,
et de les exposer sur un brancard au milieu
du chœur, devant le Saint-Sacrement; le
comte de Santena se trouvant à la cérémonie
eut peine à reconnaître ce religieux, qu'il
avait vu novice et qu'il avait considéré avec
une application particulière dans son premier voyage; il demanda qui il était, et
quand on lui eut dit que c'était ce capitaine
d'infanterie nommé frère Palémon, il en fut
surpris. Ce qui le rendait si méconnais-
sable, c'est que l'air en était tellement
changé, qu'on n'y apercevait plus aucun
trait de ceux qu'on y avait pu remarquer;
ce religieux avait naturellement le visage
rude, les yeux hagards, le teint couprosé; et
véritablement la mort, dont le propre est de
défigurer les beautés les plus accomplies et
d'en donner de l'horreur, avait tellement
effacé tout ce que ce religieux avait de rude

et de désagréable pendant qu'il était vivant, qu'on peut dire que c'était un des plus beaux visages que l'on pût regarder. Ce changement étonna le visiteur, le toucha tout ensemble ; il ne put comprendre que cet homme fût devenu si différent de ce qu'il avait été ; et ne pouvant concevoir que la mort fût la cause de cette différence, il l'attribua à une Providence extraordinaire, la regarda comme une marque du bonheur dont jouissait l'âme du mort, et comme l'effet de la miséricorde que Dieu lui avait faite.

Dans ce sentiment, il quitte la cérémonie, se retire derrière le chœur, puis, étant entré dans la chapelle de sainte Marie d'Egypte, il dit à Dieu, dans le cri et dans l'effusion de son cœur : « Je suis persuadé, Seigneur, » que vous n'êtes pas content de moi, et que » je ne fais point tout ce que vous me de- » mandez pour vous plaire ; mon frère » Palémon, que je crois devant Dieu, obte- » nez-moi la grâce de connaître ce qu'il veut » que je fasse. » Dans ce moment, il crut entendre une voix qui lui disait en de-

dans de lui-même : « Prends ma place et
» mon nom, et finis tes jours dans le lieu
» où tu es. »

Le Comte tout joyeux fut pénétré du mouvement qui se forma dans son cœur, et comme si un ange du ciel lui eut apparu et lui eut parlé, il résolut dans le moment de s'engager dans ce monastère par les vœux de la religion et d'y mourir.

La cérémonie étant achevée, il communique sa résolution à un ecclésiastique de mérite, qui avait fait avec lui le voyage, et le prie de la déclarer au père Abbé. Cet ecclésiastique s'acquitte avec bonheur de sa commission. Le père Abbé eut d'abord de la peine à croire à la vérité d'une circonstance si prodigieuse ; mais voyant que l'ecclésiastique l'assurait de la réalité de la chose, il loua Dieu et adora ses miséricordes, reconnaissant que son bras n'était point raccourci, puisqu'on voyait de nos jours, dans ces temps de décadence, des prodiges pareils à ceux qu'il avait faits autrefois dans ces siècles d'or, où il versait des torrents de grâces sur son Eglise.

Venant ensuite trouver lui-même le père Abbé, il lui confirma de sa bouche ce qu'on lui avait dit de sa part; le Comte lui déclara qu'il ne voulait plus que Dieu et Dieu seul, qu'il était persuadé que c'était dans son monastère qu'il le devait trouver, qu'il le conjurait de lui en ouvrir l'entrée, et de vouloir bien qu'il y consacrât sa personne et sa vie; mais à une condition, qu'il le priait de ne pas lui refuser, c'était que la maladie ne préjudiciât pas à son engagement, et qu'il ne laissât pas de le recevoir alors même qu'il deviendrait malade pendant son noviciat.

Le père Abbé l'embrassa, admira sa résolution, et lui promit que pourvu que son cœur demeurât ferme et constant dans les infirmités qui pourraient lui arriver, que sa volonté n'en ressentît ni affaiblissement, ni atteinte, il recevrait avec joie ses vœux et ses promesses, dans la confiance que Dieu agréerait son sacrifice, et qu'il y donnerait sa bénédiction.

CHAPITRE IV.

Sa piété pendant le noviciat.

Le comte de Santena, plein de joie des assurances que le père Abbé lui avait données, mit ordre à ses affaires avec une liberté, un dégagement d'esprit extraordinaire, et en confia l'exécution à un de ses amis qui était présent. Le sacrifice terminé, il courut au logis abbatial pour en apprendre la nouvelle à M. de Saint-Louis, qui s'y était retiré, depuis quelques années, pour s'occuper uniquement des soins de son salut, après en avoir passé à la guerre plus de quarante, et y avoir donné des marques de sa valeur et de sa fidélité pour le service de son roi. Ce gentilhomme fut surpris de cette résolution, il ne laissa pas de la louer; mais en même temps il représenta avec beaucoup de sagesse à son auteur, qu'il prît garde que la considération

qu'il avait pour le père Abbé et ses manières engageantes n'y eussent trop contribué, ajoutant que le supérieur était avancé en âge, qu'il pouvait mourir, et que si le Comte ne trouvait pas dans ceux qui lui devaient succéder les mêmes agréments, il devait craindre de se repentir de la démarche qu'il aurait faite. Le comte de Santena l'écouta, et lui répondit avec conviction : « La perte du père Abbé se-
» rait pour moi un très grand malheur, car
» je l'honore plus que qui que ce soit au
» monde, et personne ne le respecte plus que
» moi; cependant, ce n'est point à lui que
» je me donne, c'est à Jésus-Christ qui ne
» meurt point, et je ne cherche que lui
» seul. » Pénétré d'une telle réponse, M. de Saint-Louis admira sa fermeté, il lui dit qu'il avait raison, et que ceux qui s'abandonnaient à Dieu sans réserve ne se pouvaient mécompter.

L'ardent néophyte entra le jour suivant dans les exercices, il se voyait avec plaisir dans la situation dans laquelle il était; mais comme il avait peine encore de se voir revêtu des habits du monde, il témoigna au père Abbé qu'il ne serait point content qu'il ne se vît revêtu des habits de la pénitence. Celui-ci qui l'observait, et qui connaissait que l'esprit de Dieu possédait tous les sentiments de son cœur, lui accorda ce qu'il lui demandait sans le faire attendre davantage : Ainsi, le lendemain 14 juillet 1692, il lui donna ces habits qu'il désirait avec tant d'ardeur, et tout ensemble le nom de Palémon. Or, il se peut dire que ces prières et ces souhaits que l'Église fait pour tous ceux qui entrent dans le même engagement : *Que le Seigneur vous revêtisse du nouvel homme, qui a été créé à l'image de Dieu dans la justice et dans la sainteté*, s'accomplirent à la lettre dans le nouvel élu ; car il est vrai que depuis ce temps on n'a vu en lui, ni action, ni sentiment, ni pensée, qui ne fussent dignes d'un homme consacré à la mortification et à la pénitence.

Que peuvent dire les impies, contre des preuves si convaincantes et si palpables ? A quoi peuvent-ils attribuer un changement

si grand et si subit, si ce n'est à cette miséricorde suprême qui gouverne tout, et qui
exerce un pouvoir absolu sur nos cœurs et
sur nos volontés ? Cet homme, comme tout
le monde le sait, à la censure duquel rien
n'échappait, qui apercevait les défauts les
plus cachés, qui en imaginait où il n'y en
avait point, n'a plus d'yeux que pour voir
le bien dans ceux avec qui la Providence
l'engage; cet homme opiniâtre, qui était tellement attaché à son sens, reçoit comme de
la cire molle toutes les impressions qu'on lui
veut donner; cet homme, qui n'épargnait
personne, n'a plus dans la bouche que des
paroles de charité et de bénédiction; cet
homme sensuel, qui aimait la bonne chère et
le plaisir, trouve sa joie dans une pénitence
rigoureuse ; cet homme vain et arrogant,
plein de lui-même, devient d'une douceur ,
d'une humilité si parfaite, qu'il eut souhaité
d'être toujours sous les pieds de ses frères
qu'il respectait comme des Saints; enfin, il
quitte ses maximes, ses principes, ses rai-
sons, ses inclinations, ses habitudes, et

devient en toutes choses si contraire à lui-même, que l'on ne remarque plus dans sa conduite aucun trait de ce qu'il a été.

Qui ne voit qu'il n'appartient qu'à Dieu seul de faire ces révolutions si extraordinaires ; il forme la nature, il la reforme, il la fait, il la détruit ; il lui ôte les inclinations qu'elle a eues, et lui en donne qui lui sont entièrement opposées ; c'est ce qui fait la consolation de ceux qui sont à lui et qui le servent : c'est ce qui donne de l'espérance à ceux qui ont eu le malheur de se trouver dans des voies contraires à ses volontés, et qui fera pour jamais la confusion de ceux qui auront avec opiniâtreté préféré les ténèbres à la lumière.

Tant de grâces ne trouvèrent point le frère Palémon infidèle ; tous les devoirs du nouvel état dans lequel il était entré, toutes les régularités, les assujettissements lui devinrent si naturels, qu'on eut dit qu'il y avait été élevé dès son enfance.

Il était au chœur avec une retenue et une attention sur lui-même qui édifiait tous ceux qui le voyaient : il parlait peu dans les conférences, mais avec beaucoup de justesse et de simplicité, rappelant sans cesse la grandeur et la multitude de ses péchés. Cet objet a été présent à son souvenir jusqu'au moment de sa mort; mais ce qui est remarquable, c'est qu'au lieu de le jeter dans l'abattement ou dans la tristesse, il y trouvait sa consolation, par la confiance qu'il avait dans la bonté de celui qui est venu pour effacer l'iniquité du monde. Il était exact dans les veilles, dans la prière, dans les travaux, dans les jeunes, dans la pratique de toute l'austérité établie dans ce monastère.

Éprouvé par des souffrances nombreuses avant que de prendre l'habit, elles augmentèrent pendant son Noviciat ; mais comme le père Abbé l'avait assuré que cela ne mettait point d'obstacle à sa réception, il n'en avait aucune inquiétude et voyait avec paix que Dieu ajoutait de nouveaux maux à la pénitence qu'il avait embrassée. C'était avec le plus généreux abandon qu'il ouvrait son cœur au maître des Novices, en lui rendant compte de ce qui s'y passait ; et lorsqu'il s'y formait le moindre nuage, ce qui n'arrivait jamais que par l'appréhension qu'il avait de ne pas répondre, autant qu'il y était obligé, aux miséricordes que Dieu lui faisait tous les jours, il allait trouver le père Abbé, comme celui qui selon sa règle lui tenait la place de Jésus-Christ, il lui découvrait sa peine, puis aussitôt qu'il lui avait parlé, elle était dissipée. On doit remarquer que sa tendresse pour lui, son estime et sa confiance étaient si grandes, qu'il ne le quittait jamais qu'après s'être prosterné la face contre terre et lui avoir baisé les pieds ; et quand ses maladies ne lui permettaient plus de lui donner ces marques de son respect et de sa reconnaissance, il lui prenait les mains, y attachait sa bouche, et ne s'en séparait qu'avec peine.

CHAPITRE V.

Le Comte fait sa profession.

Le temps de son noviciat étant expiré, il ne fut pas besoin de délibérer sur sa réception. Tous les religieux, d'une commune voix et d'un même cœur, regardèrent comme une bénédiction et comme un véritable bonheur de recevoir une personne que Dieu avait favorisée de tant de grâces, et qu'on n'avait jamais surpris dans aucune action qui n'eût donné de l'édification et de l'exemple.

Le jour de l'engagement et du sacrifice étant arrivé, la joie la plus vive surabonda dans ce cœur généreux; il allait jouir de la chose du monde qu'il avait désirée avec plus d'ardeur et demandée à Dieu avec plus d'instance! Admis au Chapitre, le père Abbé lui retraça, selon la coutume, les engagements qu'il allait contracter; mais pour lui faire mieux goûter les effets de la tendresse de son Dieu, il lui parla de ses égarements passés et de la bonté avec laquelle le Seigneur lui avait tendu la main. Touché jusqu'aux larmes, le nouveau religieux se prosterna, et s'étant relevé, il fit devant tous ses Frères le récit de la vie malheureuse qu'il avait menée dans le monde (c'est ainsi qu'il la nomma). Il employa pour la dépeindre les couleurs les plus vives; et ne gardant ni mesure, ni modération, il n'oublia rien de tout ce qui pouvait le déshonorer et le perdre de réputation devant tous ceux qui étaient présents. Il eut le courage d'avouer solennellement qu'il avait été faux dans sa conduite, s'efforçant de révéler en lui des qualités qui pouvaient le relever davantage, mais qu'il ne les avait jamais eues. Avouant que la vanité et le désir d'acquérir une gloire qu'il n'avait point méritée, avaient été le seul motif de toutes ses actions; il se nomma scélérat, violent, injuste, homme sans foi, sans honneur, sans religion, sans probité; enfin, son dessein fut de faire comprendre qu'il n'y avait point

d'extrémité où il ne se fût porté pour con-
tenter sa passion; ce qu'il dit d'une manière
si touchante, qu'il tira les larmes des yeux
de ses Frères.

CHAPITRE VI.

Sa joie dans les souffrances.

Heureux de son engagement, le frère Palémon ne songea plus qu'à s'acquitter de ses
promesses d'une manière qui fût digne de
celui au service duquel il s'était consacré;
aussi fut-ce pour satisfaire à ses obligations
qu'il s'abandonna sans réserve entre les mains
de ceux que Dieu lui avait donnés pour gui-
des, pour supérieurs et pour pères; et voilà
pourquoi il se trouvait sans peine dans tous
ses devoirs, et qu'il jouissait en tout temps
d'une tranquillité profonde; mais Dieu, qui
voulait le faire marcher à grands pas et le
porter, pour me servir des paroles du Pro-

phète, avec la légèreté des cerfs, à ce degré
de vertu auquel il avait résolu de l'élever,
lui ouvrit soudain des voies extraordinaires,
se servant de moyens auxquels il ne s'attendait pas. Le Seigneur permit qu'il fût tra-
vaillé de douleurs très aiguës dans les deux
jambes, où il avait été blessé autrefois, et on
fut même obligé d'y faire des incisions: Il les
souffrit, quoiqu'elles fussent très profondes
et très douloureuses, avec aussi peu d'émo-
tion que s'il eut été insensible, à ce point
que dans le fort de l'opération, on n'aperçut
pas le moindre changement sur son visage.
Sa fermeté fut si grande, qu'il ne laissa pas
d'assister aux offices de l'église; au réfectoire,
au travail et aux autres exercices commandés
par la règle.

Toutefois, cette croix ne fut point la seule
que lui avait réservée le ciel, car en peu de
temps il se trouva couvert de plaies et d'ulcè-
res; mais, à mesure que ses maux se multi-
pliaient, son cœur reprenait des forces nouvelles, et on lui remarqua une fermeté et une
constance qui furent toujours égales. Ses maux

empirèrent de jour en jour, ses plaies s'infec-
tèrent et la corruption en devint insupporta-
ble ; néanmoins son courage semblait grandir
en proportion de ses souffrances ; seulement,
il conjura le père Abbé de le séparer de ses
Frères, parce qu'il ne voulait point leur causer de la peine ; quant à lui, bien loin d'être
affligé de cet état si fâcheux, il en attendait
en paix toutes les suites. La destruction prochaine de son homme extérieur, c'était ce
qui le rendait heureux, ce qui faisait sortir à
tout instant de sa bouche de paroles de bénédiction et de bonheur.

Cette corruption devint si grande, que
l'on crut qu'elle s'était communiquée à
toute la masse du sang ; on jugea à tous
les symptômes qui accompagnaient le mal,
par la noirceur des plaies, par les maux
de cœur, par les défaillances et les faiblesses
fréquentes, que la gangrène était toute formée
et que le malade n'avait plus que peu de
temps à vivre ; mais il fut le premier qui se
condamna à la mort, qui s'aperçut de l'état
où il était ; et pour ménager tous les instants

que le ciel semblait lui promettre encore, il pria son supérieur de lui faire recevoir le saint Viatique et l'Extrême-Onction; il avait à cœur de tirer de ces dernières actions et plus de fruit et plus de grâces; aussi voulut-il se ménager cette faveur dans le plus court délai. Il reçut donc l'Extrême-Onction dans le milieu du chœur et en présence de tous ses Frères. Le père Abbé, qui faisait cette cérémonie touchante, lui parla des bontés de Jésus-Christ qui l'avait mené par la main, nonobstant toutes ses iniquités passées, jusqu'aux portes de son royaume, et de l'obligation où il était de s'abandonner sans réserve entre ses mains. Il s'écria alors, dans un élan d'ardente reconnaissance :

« Je confesse que Jésus-Christ est allé me
» chercher jusqu'aux extrémités de la terre,
» qu'il m'a tiré de cet aveuglement déplorable
» dans lequel j'avais passé toute ma vie, et
» que malgré toutes mes résistances, il m'a
» comme forcé, entraîné et emporté dans
» ce lieu saint entre vos mains pour me
» faire miséricorde. Oui, je ne puis assez

» admirer mon bonheur, j'attends tout de
» la charité de mes Frères, et je suis plein
» d'espérance qu'elle suppléera à mon indi-
» gence et à ma pauvreté; mais j'attends de
» la part de Dieu toutes ses miséricordes
» et je souhaite qu'il se hâte. Néanmoins,
» s'il lui plaît de différer, qu'il prolonge,
» qu'il me fasse souffrir tout ce qu'il lui
» plaira, je ne veux rien que sa volonté; il
» pourrait me laisser accablé de peines, d'im-
» patiences et de douleurs, mais il m'appelle
» à lui et me met dans un état de tranquil-
» lité et de paix. » Prenant alors les mains
du père Abbé, il les baisa, il les arrosa de
ses larmes et ne les quitta qu'avec peine, lui
marquant par là quelle était la grandeur de
sa reconnaissance. Ces paroles tirèrent des
larmes de la plus grande partie de ceux qui
furent témoins des merveilles que Dieu avait
opérées dans son cœur.

Toutefois, ses plaies devinrent en apparence
moins dangereuses, les menaces d'une fin
prochaine disparurent. Cet homme qu'on
avait cru mort, comme s'il eût été ressuscité

et qu'il fût sorti du tombeau, ne laissa pas d'aller à l'église et de se trouver quelquefois au Chapitre et aux Conférences ; c'était Dieu qui le voulait ainsi, prenant plaisir à fortifier ce cœur, à le faire voir comme un exemple d'une patience achevée, le rendant supérieur à ses douleurs qui ne le quittaient point et le suivaient partout.

On ne doit pas passer sous silence ce qu'il dit, aussitôt qu'il eut reçu l'Extrême-Onction, à un religieux qui avait demandé permission de l'aller voir, pour se recommander à ses prières et le conjurer, quand il serait devant Dieu, de lui obtenir la grâce de le suivre bientôt. Ayant reçu ce bon Frère et lui ayant parlé avec toute l'honnêteté et la charité possible, il lui dit :

« Lorsque Dieu, par son infinie miséri-
» corde, eut fait briller quelques rayons de
» sa divine lumière sur les épaisses ténèbres
» de mon âme, et qu'il m'eut un peu ouvert
» les yeux sur les désordres de ma vie, le
» monde, qui veut à tout prix retenir ses
» adorateurs, ne manqua point de me dé-

» clarer la guerre et de me faire ressentir
» les traits perçants de sa malignité.

» Ceux de ses partisans qui étaient de ma
» connaissance, m'assiégèrent incontinent,
» et se mettant à son service, chacun en sa
» manière essaya de me dresser des piéges.
» Tantôt l'un me venait faire des questions
» malignes, un autre m'appliquait des rail-
» leries fines et étudiées; d'autres, agissant
» d'une manière plus ouverte, se couvraient
» d'une charité fausse et me venaient dire
» nettement qu'ils se sentaient obligés, par
» toutes les lois de la plus sincère amitié, de
» m'avouer qu'ils étaient extrêmement sur-
» pris d'apercevoir en moi, sans aucun
» fondement légitime, un changement si
» extraordinaire ; ils ne pouvaient sans
» douleur, me disaient-ils, voir une con-
» duite aussi bizarre, si peu digne de ma
» qualité, et si peu convenable au caractère
» de mon esprit.

» Enfin, par de tels discours et d'autres
» semblables, chacun s'efforçait d'étouffer en
» moi, dès leur naissance, les premières se-

» mences de la grâce; mais, ajouta-t-il,
» cette divine bonté qui, par une providence
» toute paternelle, ne cesse de veiller sur
» ceux qu'elle a regardé de toute éternité
» des yeux de sa compassion, m'assista dans
» un si pressant besoin, et fortifia tellement
» mon cœur, même dès le commencement,
» contre de si rudes attaques, qu'il n'en reçut
» aucune blessure; bien plus, effet admira-
» ble de la bonté d'un Dieu plein de miséri-
» corde, je regardais ces gens comme des
» insensés, et je ne pouvais m'empêcher de
» gémir, apercevant chez des chrétiens des
» sentiments si bas et si peu dignes de
» l'éminence de leur condition.

» Pour moi, quoique je me sois trouvé
» plusieurs mois dans de telles épreuves,
» elles m'étaient si peu sensibles, que je ne
» songeais pas même à prendre les moyens
» de m'en mettre à couvert. C'est alors que
» j'étais au milieu de ces tentations, qu'il
» plut au Seigneur de regarder la misère de
» son serviteur et de le conduire dans ce mo-
» nastère, où sa tendresse m'a favorisé de-

» puis d'une si puissante protection, qu'en
» vérité, mon Père, je me croirais coupable
» de la dernière des infidélités, si je doutais
» le moins du monde qu'il achevât en moi
» ce qu'il a commencé, qu'il m'accordât pour
» ce dernier passage, dont vous me parliez,
» tous les secours dont je pourrais avoir
» besoin. »

CHAPITRE VII.

Son amour pour les austérités.

Peut-on imaginer une disposition plus libre et plus dégagée, dans un homme qui touchait presque au tribunal de Jésus-Christ, et peut-on l'attribuer à une autre cause qu'à l'esprit de Dieu, qui avait établi dans son cœur une assurance sainte, et en avait banni toutes les craintes et toutes les inquiétudes.

Torturé sans relâche par l'intensité de ses douleurs, il vint un jour trouver le père

Abbé, se jeta à ses pieds, et lui dit qu'il avait une grâce à lui demander, le suppliant de ne la lui point refuser. Le père Abbé lui dit que pourvu qu'elle fût raisonnable, il la lui accorderait. Fort de cette parole, le Comte dit : Puisque mes maux sont incurables, ne m'obligez à aucun ménagement, car il faudrait les prolonger jusqu'à la mort; mais plutôt permettez-moi, au nom de Jésus-Christ, de garder jusqu'au dernier soupir, pour les veilles, pour les couches dures, et même pour les jeûnes, ainsi que pour la nourriture, toute l'austérité qui se pratique dans le monastère, sans distinction et sans dispense. Le père Abbé demeura stupéfait d'une si grande résolution, mais il lui répondit qu'il ne pouvait consentir à ce qu'il désirait, et il ajouta que la règle voulait que l'on donnât des soulagements aux infirmes, et qu'on eût égard à leurs faiblesses et à leurs impuissances. Le saint pénitent répliqua alors que cette indulgence de la règle pouvait convenir à des personnes innocentes, ou à ceux qui auraient mené dans le monde une vie commune; mais que pour lui, qui avait bu l'iniquité comme l'eau, et dont la vie n'était qu'une suite de crimes, tous plus énormes les uns que les autres, il était juste qu'il ressentît en ce monde tout le poids de la colère de Dieu, qu'il vécut et qu'il expirât dans la pénitence, et que si le père Abbé ne lui accordait pas un secours qui lui était si nécessaire, il le priverait d'une consolation sensible.

Il fallait, pour parler de la sorte, qu'il eût profondément gravé dans le fond de son cœur, les sentiments du saint homme Job, lorsqu'il disait : « Que celui qui a commencé, » me réduise en poussière, qu'il me frappe de » toute l'étendue de son bras, qu'il m'exter- » mine, et que toute ma consolation soit de » voir qu'il me comble de douleurs, sans » ménagement et sans mesure, il ne m'arri- » vera jamais de résister aux ordonnances » du saint. »

Pénétré de sa conviction, le Père Abbé crut qu'il ne pouvait, sans s'opposer aux ordres de Dieu et sans combattre ses destinations éternelles, refuser à ce généreux pénitent ce qu'il lui demandait avec tant d'ardeur; et persuadé que Dieu voulait faire voir dans sa personne l'exemple d'une abnégation et d'une pénitence parfaite, il lui fit espérer qu'il lui donnerait les mains, et qu'il lui laisserait faire ce qu'il désirait.

Le frère Palémon regardant ces paroles comme un consentement, continua la vie ordinaire de la communauté dans toute sa rigueur. Il voyait les progrès de ses maux, il en souffrait les douleurs et avait incessamment sa destruction devant les yeux; cette vie si triste par elle-même, et toute propre à abattre ou ébranler les âmes les plus constantes, ne faisait qu'affermir la sienne, dans l'attente où il était que Dieu exécutât sur lui ses dernières volontés, et dans une persuasion ferme qu'il lui ferait miséricorde. Il ne voyait point le Père Abbé qu'il ne lui ouvrît sur cela le fond de son cœur, et qu'il ne lui fît paraître un abandonnement entier de lui-même dans la main de Dieu, preuve évidente de la grandeur de sa foi.

Ses maux augmentaient tous les jours, et quoiqu'ils fussent d'une nature et d'une qualité à lui causer des ennuis et des dégoûts infinis, sa joie, sa paix, sa résignation et sa constance furent toujours les mêmes. Il n'en était pas ainsi de son corps, qui s'affaiblissait insensiblement, cédait et succombait de plus en plus sous le poids et sous la continuation de ses souffrances. Ceci alla si loin, que le père Abbé se crut obligé de lui dire qu'il fallait relâcher quelque chose de son austérité accoutumée ; cette déclaration affligea jusqu'à la tristesse le courageux disciple de la croix, mais il ne laissa pas de s'y soumettre ; cependant, quelques jours après, se sentant pressé par le mouvement de sa conscience, ou plutôt par une inspiration secrète du Saint-Esprit, il crut qu'il devait conjurer le père Abbé de faire réflexion sur ses véritables besoins, c'est-à-dire, sur ceux de son âme et non pas sur ceux de son corps, et dans ce sentiment il lui apporta un billet fermé qu'il lui mit entre les mains, le priant de le lire à son loisir ; en voici les propres termes :

« Mon très révérend Père, les grâces que
» je vous dois, sont excessives, et je laisse à
» Dieu le soin de vous en récompenser ; mais
» comme j'ai besoin que vous me les conser-
» viez, je prends la liberté de vous supplier
» de me continuer celle que vous avez ac-
» cordée à mes instantes prières ; c'est celle
» de me laisser vivre de la vie commune jus-
» qu'à la mort, je vois qu'elle se prolonge de
» quelques jours, cette vie, et que Dieu ne me
» délivre pas de ce corps de mort aussitôt que
» je le souhaiterais ; aussi, craignant la ten-
» dresse de votre cœur, je vous supplie, par
» les entrailles de Notre-Seigneur Jésus-Christ
» d'oublier que j'ai un corps, lequel sans la
» charité de la Trappe serait à la voirie il y
» a longtemps ; je vous supplie encore de
» prier Dieu que sa sainte volonté soit faite
» sur moi jusqu'à la fin ; je le prie qu'il vous
» comble de toutes sortes de bénédictions,
» de santé, et de bonheur. Ce premier avril
» l'an de Jésus-Christ, 94. Frère Palémon,
» votre disciple indigne. »

Le père Abbé ne put s'empêcher d'avoir

égard à des dispositions si extraordinaires. La fidélité, la constance, la piété, la religion, et le renoncement si entier qui paraissaient dans toute la conduite du sujet qui lui adressait ces lignes, lui fit croire que Dieu parlait par sa bouche, et qu'il n'était que l'interprète de ses volontés.

Il se rendit donc à ces nouvelles instances; et cet homme de bénédiction, ce martyr de la pénitence (car on peut lui donner ce nom avec justice), suivit sa voie ordinaire, donnant à cet esprit de mortification, dont il était rempli, tout ce qu'il lui put accorder.

Ses jambes ruinées, et affaiblies par la continuité des plus vives souffrances, lui refusaient le secours qu'elles ne pouvaient plus lui donner; mais elles ne purent l'empêcher de continuer d'aller à l'église dès quatre heures du matin, soutenu sur des potences; de se trouver au Chapitre et à d'autres exercices réguliers; et quoique les efforts qu'il était obligé de faire lui causassent d'extrêmes douleurs, l'énergie de sa piété et de son zèle lui firent retrouver toujours le mouvement qui était nécessaire pour se réunir à ses frères. Toutefois, la crainte qu'il avait que le père Abbé ne l'arrêtât dans sa voie de pénitence, l'obligea de lui écrire cette seconde lettre :

« J'ai lieu de croire, mon très Révérend
» Père, que c'est la volonté de Dieu que
» vous m'abandonniez à la divine Provi-
» dence, puisqu'après la sainte Communion,
» à la suite d'un grand silence pendant lequel
» je lui avais sacrifié le désir qu'il avait fait
» naître en mon âme de m'abandonner à lui
» sans réserve, il s'est élevé comme une voix
» dans mon cœur, qui m'a dit que bien loin
» de m'affaiblir, ni de changer mes premiers
» sentiments, la sainte Communion me
» devait servir de force et de constance.
» J'omets ici quantité d'autres circonstances,
» qui paraissent m'assurer que le Seigneur
» demande que je sois abandonné à sa Pro-
» vidence ; mais je me remets, mon Révé-
» rend Père, entre vos mains, comme votre
» disciple, et je vous supplie seulement pour
» l'amour de Dieu, de n'avoir égard qu'à

» mon âme, et point du tout à un corps qui
» l'a tant offensé. » PALÉMON, *frère indigne*.

CHAPITRE VIII.

Sa résignation inaltérable aux volontés de Dieu.

Cette soif insatiable de pénitence, ce désir si excessif qu'il avait de crucifier sa chair, n'empêchait pas cet homme admirable d'être parfaitement soumis aux ordres de son supérieur; car en entrant dans le monastère, il ne s'était proposé d'autre but que celui de connaître en toutes choses la volonté de Dieu, par celle de celui qui lui avait été donné pour conducteur et père. Cette disposition si sainte l'avait rendu inaccessible à toutes les tentations, et il se peut dire que le démon n'osa jamais l'attaquer. Si la volonté propre est la source et le siége de l'iniquité, il faut avouer que le démon craint d'entreprendre ceux en qui il connaît qu'elle est ou assujettie ou détruite ; la raison en est simple, puisque la volonté de Dieu ayant pris la place de la volonté humaine, l'esprit de mensonge essayerait vainement envers envers elle toutes les ruses de sa malice.

Cet impitoyable ennemi des hommes, voyant qu'il lui était impossible d'arracher des mains de Jésus-Christ une âme qui lui était si fidèle, voulant anéantir d'ailleurs le fruit que le monde pouvait retirer d'aussi nobles vertus, suscita des hommes qui disaient que la conversion du Comte n'était pas sincère, qu'il se repentait de la démarche qu'il avait faite, et qu'il ne pouvait s'empêcher d'en donner des marques extérieures aux personnes qui avaient pu lui parler. Pour ôter à sa conversion toutes les marques qui en faisaient l'ornement, il s'avisa de faire attribuer les larmes que le vertueux moine ne pouvait retenir lorsqu'il parlait de Dieu, au déplaisir et au regret que ressentait son cœur de s'être chargé d'un fardeau qui l'accablait.

Il faut savoir que le frère Palémon, alors

qu'il était dans le monde, avait une dureté naturelle qu'on peut nommer impénétrable; qu'il était de glace, de marbre ou de bronze pour tout ce qui regardait son salut; c'est ce qui faisait (nous l'avons déjà dit), qu'il était sur les choses éternelles sans crainte et sans amour. Mais le Père des miséricordes, qui voulut s'en rendre absolument le maître, la détruisit dès le commencement de sa conversion: il lui ôta, selon les paroles du Prophète, ce cœur de pierre qu'il avait eu toute sa vie et lui en mit un de chair en sa place; de sorte qu'il devint tendre et sensible jusqu'à ce point qu'il ne pouvait ni parler, ni entendre parler de Dieu, ni même penser aux grâces qu'il en avait reçues sans répandre des larmes.

Cependant, comme le bruit de ce repentir prétendu se rendait public, le père Abbé crut que le moyen le plus certain et le plus prompt pour en arrêter le cours, était de laisser voir ce vrai disciple de la croix à plusieurs personnes dignes de foi qui pussent rendre témoignage de ses dispositions. Voilà pourquoi, contre la coutume et l'usage du monastère, on lui permit de s'entretenir quelquefois avec plusieurs de ceux qui le venaient voir; il conversa donc avec des gens de sa première profession, avec des ecclésiastiques distingués par leur caractère et par leur mérite, avec des docteurs de Sorbonne et avec plusieurs curés de Paris; et de tous ceux-ci, il n'en est pas un seul qui n'ait été édifié des choses qu'ils lui ont ouï dire, aussi bien que de sa fermeté et de cette paix profonde avec laquelle il soutenait son état. Le roi d'Angleterre l'ayant voulu voir, eut la bonté de l'aller trouver à l'infirmerie où il était et revint tout-à-fait édifié des sentiments du saint religieux. Le maréchal de Belfons l'entretint par deux fois en différents voyages qu'il fit à la Trappe, et il eut chaque fois à admirer la fermeté de son cœur, sa résignation aux volontés de Dieu et pardessus tout la douceur qu'il conservait parmi toutes ses souffrances, douceur étonnante qui était, comme tout le monde le sait, si opposée à toutes ses dispositions naturelles. Le cardinal de Bouillon eut le bonheur de le voir et de lui parler, mais il ne put s'empêcher d'assurer qu'il avait parlé à un homme entièrement détaché de la terre. Le maréchal d'Humières, qui accompagna Monsieur, frère unique du roi, lorsqu'il passa par le désert de la Trappe, le vit ; comme il l'avait particulièrement connu, il eut même avec lui une conversation fort longue, et il ne put témoigner autre chose sinon qu'il avait été touché de tout ce qu'il avait entendu dire à son ancien ami, du dégagement où il l'avait trouvé des choses du monde, et des consolations dont il jouissait : Tous ceux, enfin, à qui il a parlé se sont retirés dans ce même sentiment et ont avoué qu'ils avaient peine à comprendre que l'on pût conserver parmi tant de souffrances, cette liberté d'esprit et cette sérénité qui paraissait sur son visage. Toutefois, s'il fallait au monde des assurances plus nombreuses encore, on pourrait ajouter que tous les religieux que lui envoyait le père Abbé, pour lui parler de Dieu et pour interrompre ce grand silence et cette grande solitude où il était comme plongé, ne le quittaient jamais qu'ils ne fussent comblés d'édification, consolés et encouragés par son exemple.

M. de Saint-Louis, dont nous avons déjà parlé, ayant obtenu du père Abbé la permission d'aller voir le Comte peu de temps avant sa mort, a rapporté qu'aussitôt qu'il le vit, il lui dit : Si je pouvais me jeter à vos pieds pour les embrasser, je le ferais de tout mon cœur (il avait accoutumé, en effet, de se prosterner devant tous ceux qui l'abordaient et de leur baiser les pieds, tant que ses incommodités ne l'ont point empêché de le faire). Il a aussi rapporté que dans toute la conversation qu'il eut avec lui, celui-ci ne lui parla que de la reconnaissance qu'il devait à Dieu pour toutes les grâces qu'il en avait reçues, et qu'il usa d'expressions si nobles et si élevées, qu'il n'en avait point entendu de semblables. Chose étonnante, le malade ne dit pas un seul mot à son ami des souffrances qu'il éprouvait, et encore qu'il fût assis sur une chaise de paille accablé de douleur, il lui parut d'une tranquillité si grande qu'il l'étonna. M. de Saint-

Louis fut même si pénétré de le voir dans une situation si sainte et si heureuse, qu'en le quittant, il le conjura, par l'ancienne amitié qui était entre eux et par le besoin qu'il en avait, de se souvenir de lui devant Dieu; l'édifiant malade lui répondit alors avec une foi vive : « Je le prie, cher ami, » qu'il vous fasse persévérer dans une vie » qui lui soit agréable, afin que s'il me fait » miséricorde, comme je l'espère, je la » puisse obtenir pour vous. » Enfin, tout en lui était surprenant. Un frère qui avait accoutumé de le panser, lui ayant dit, peu de jours avant sa mort, qu'il fallait qu'il se résolut à beaucoup souffrir, et qu'il ne se pouvait pas dissimuler que son agonie ne fût longue et pénible, il répondit ce peu de paroles : « Mon frère, Dieu a tout fait jusqu'ici, j'es » père qu'il achèvera le reste. »

CHAPITRE IX.

Il reçoit les derniers sacrements.

Le courageux malade touchait donc aux portes de la mort, et malgré les douloureuses opérations qu'avaient suscités les divers accidents survenus dans ses plaies, son grand courage soutenait toujours son âme dans sa vigueur accoutumée, mais son corps se trouva contraint de céder à la violence de la douleur. Le père Abbé, croyant qu'il pouvait y avoir encore quelques ressources du côté de la nature, lui dit qu'il fallait prendre quelques adoucissements. Le malade obéit par principe de cette soumission qu'il avait toujours conservée inviolable; mais ce soulagement ne lui fut d'aucun secours, car le temps était arrivé auquel Dieu, dans ses conseils éternels, avait résolu de terminer ses souffrances et de couronner cette fidélité qui ne s'était point démentie d'un seul instant. La faiblesse augmenta; le dépérissement sensible où on vit cet homme héroïque, le dégoût de toutes sortes de nourritures, joint aux défaillances dans lesquelles il tombait de temps en temps, fit juger avec raison que les derniers moments n'étaient pas éloignés. Le cœur du religieux était néanmoins toujours le même; celui-ci faisait voir une intrépidité sainte, qui n'était rien que l'effet de cette protection abondante que Dieu lui avait toujours donnée et qu'il ne refuse jamais à ceux qui se sont abandonnés dans ses mains, sans ménagement et sans réserve. Et parmi tant d'autres preuves de son détachement de lui-même, fut celle qu'il donna un jour au chirurgien que l'on avait appelé auprès de lui; l'ayant à ses côtés, il oublia soudain tous ses maux pour ne l'entretenir que des incommodités du frère qui avait soin de lui. Ne disant rien de ce qui le regardait, il parla sans cesse des douleurs de ce pauvre servant, étant plus affligé de sa position que de la sienne. Mais comme il avait autant d'attention pour les bes̄ins de son âme, qu'il avait de négligence pour les nécessités de son corps, se voyant dans une décadence si prompte, il ne différa point de recourir aux dernières grâces qui pouvaient lui être conférées par le ministère de l'Eglise; il témoigna donc un désir ardent de recevoir Jésus-Christ et ensuite l'Extrême-Onction. A l'édification de tous, il fut dans ces deux actions tel qu'il devait être, c'est-à-dire, tout rempli de foi et de confiance. On peut dire qu'il n'avait plus que Jésus-Christ devant les yeux, qu'il le regardait comme son juge, mais aussi comme son Sauveur, et comme celui qui venait à lui récompenser sa fidélité et pour couronner ses travaux.

Il est une indulgence plénière que les papes ont accordée à tous les religieux de l'ordre de Citeaux pour l'article de la mort. Le père la lui donna; puis, lui ayant représenté, pour exciter sa foi, cette suite de grâces et de bénédictions dont Jésus-Christ l'avait favorisé, il répondit avec conviction profonde et avec tendresse :

« Je ne saurais assez reconnaître les bon-
» tés de mon Dieu, qui après m'avoir pater-
» nellement retiré de l'état déplorable où
» j'étais engagé, et après m'avoir conduit par
» la main, a enfin couronné son œuvre de
» miséricorde en m'accordant la grâce de le
» pouvoir adorer en esprit et en vérité ; je
» ne veux que lui seul, je me jette entre ses
» bras pour le temps, comme pour l'éter-
» nité, qu'il fasse de moi tout ce qu'il lui
» plaira, qu'il me pardonne, qu'il me pu-
» nisse, pourvu que je fasse sa sainte volonté,
» je suis content ; quel bonheur de pouvoir
» espérer en ses miséricordes ! C'est lui seul
» qui me sauve, c'est son œuvre, car il n'y
» a rien en moi que ma misère qui soit di-
» gne de sa compassion. Quelle grâce, mon
» Père, de m'avoir amené dans ce saint lieu,
» entre vos mains et dans la compagnie de
» mes saints frères (ce sont ces termes) !
» J'attends les dernières miséricordes de mon
» Dieu et je souhaite qu'il se hâte ; cependant,
» s'il lui plaît de différer, qu'il prolonge,
» qu'il me fasse souffrir tant qu'il lui plaira ;

» il pouvait m'accabler de peines et de dou-
» leurs, et il m'appelle à lui dans la tran-
» quillité et dans la paix ; je suis plein de
» confiance, et je dors sur l'état où il lui a
» plu de me mettre. »

CHAPITRE X.

Sa mort bienheureuse.

Ces paroles si attendrissantes furent comme un dernier élan que laissa échapper sa belle âme et que le Seigneur écrivit en lettres d'or pour le bonheur éternel de son futur élu. Après ces mots, ce pénitent si chéri de Dieu, tout pénétré des témoignages que Jésus-Christ lui donnait de sa compassion, et fortifié par une confiance sans limites, considérait avec bonheur l'heure prochaine de son départ pour ce bienheureux voyage, pour lequel il avait formé tant de désirs, et n'attendait plus que le moment qui devait décider de ses for-

tunes éternelles. Appelant Jésus-Christ par
de continuelles aspirations, il avait incés-
samment dans la bouche ces divines paroles:
Venez, ô mon Seigneur Jésus. Le père Abbé,
qui était malade à l'infirmerie, le vint trouver
le matin du jour de sa mort. Le frère Palémon
lui dit l'état où il était et lui témoigna le
désir qu'il avait de mourir entre ses mains.
Le Père étant retourné l'après-midi pour le
revoir, le frère Palémon lui déclara qu'il ne
lui restait plus que peu d'instants à vivre,
qu'il se trouvait dans la dernière défaillance.
Le supérieur lui demanda s'il ne persévérait
pas dans les mêmes dispositions où il avait été
depuis si longtemps; le mourant lui répondit :
« Mon père, le souvenir de mes péchés m'est
» toujours présent, je ne suis qu'un méchant,
» je l'ai toujours été, je porte à Jésus-Christ
» l'enfer dans mes mains; mais la confiance
» que j'ai en lui est entière, j'espère dans sa
» miséricorde, et je crois qu'il me rendra
» éternellement heureux. » Le Père ajouta :
Je vois bien, mon cher frère, qu'il ne
faut plus différer de vous donner la der-

nière consolation, et de vous mettre sur la cendre et sur la paille. « Je n'attends plus » que cette grâce, et je la souhaite de tout » mon cœur. » Le père Abbé ayant fait la croix de cendre sur le pavé, et l'ayant couverte de paille à l'ordinaire, frère Palémon se leva tout aussitôt, et, soutenu par deux de ses frères, il se plaça sur cette couche d'humiliation comme sur un lit d'honneur, dans une connaissance parfaite. Peu de moments après, toutes les prières étant achevées, il expira au milieu de ses frères, entre les mains du père Abbé, le 9 novembre 1694. Cette mort fut si douce, que quoique plusieurs frères eussent les yeux attachés sur le visage du mort, ils ne purent y surprendre ni agitation, ni mouvement, ni ride, ni changement de couleur, et on peut assurer qu'il n'y eut jamais de mort plus tranquille. C'était le saint qui fermait les yeux à la lumière du temps pour aller les ouvrir aux splendeurs du soleil éternel.

CHAPITRE XI.

Conclusion.

Telles furent la conversion et la vie admirables du comte de Santena, dont la relation amena quelques années après, à la Trappe, le chevalier d'Albergotti, que ni la faveur du roi, ni le titre de colonel obtenú à vingt-et-un ans, ni les richesses de ses oncles, ne purent l'empêcher de venir chercher dans la solitude l'assurance du salut. C'est un monument qui subsistera jusques dans l'éternité, fait pour la consolation de ceux qui appartiennent à Jésus-Christ, et qui mettent leur bonheur à suivre la voie de la pénitence qu'il nous a tracée par sa parole et par son exemple; fait encore pour l'instruction de ceux qui, étant accablés du poids de leur péchés, se persuadent qu'il n'y a plus pour eux de miséricorde, afin qu'ils sachent que la conversion des grands pécheurs est une œuvre digne de Jésus-Christ, et qu'il n'y a rien qu'on n'obtienne de lui par le repentir et par la pénitence ; fait enfin pour la confusion et le désespoir de ces âmes perfides, qui par une ingratitude incompréhensible préfèrent l'amour du monde, tout vain, tout inutile, et tout méprisable qu'il est, à l'amour de Jésus-Christ, qui renferme des biens, des avantages et des richesses infinies.

FIN.

TABLE DES MATIÈRES.

FIN DE LA TABLE

UN ÉPISODE DE LA TRAPPE

RELATION

DE

la Vie & de la Mort du frère Palémon

DANS LE MONDE

COMTE DE SANTENA

PARIS

DUPRAY DE LA MAHÉRIE, ÉDITEUR

6, Rue de Médicis.

1864

BIBLIOTHÈQUE CATHOLIQUE DE TOULOUSE

Composée de 12 opuscules chaque année.

PRIX DE L'ABONNEMENT :

Pour Toulouse, **1 fr. 50** par an, et **1 fr. 75** au dehors.

Liste des opuscules dont se compose la *Bibliothèque Catholique de Toulouse :*

1re série à 50 c., 60 c. par la poste.

1. La Porte du Ciel.
2. Exposition myst. de la Messe

2e série à 25 c., 30 c. par la poste.

1. Le R. P. Lacordaire.
2. Paroles de Mgr Dupanloup.
3. Neuvaine à la Sainte Vierge.

3e série à 10 c., 15 c. par la poste..

1. Épisode de la Trappe.
2. La Voie chrétienne en action (1re partie).
3. L'Enfant vertueux.
4. La Voie chrétienne en action (2e partie).
5. Chroniques chrétiennes.
6. La 1re communion en exemples.
7. Quelques années en Afrique. (1re partie).
8. Voyage à Jérusalem.
9. Géronimo ou le martyr d'Afrique.
10. Les jeunes héroïnes chrétiennes.
11. Quelques années en Afrique (2e partie).
12. Les Solitaires de la France.
13. La Grâce de Dieu.
14. Les 26 Martyrs du Japon.
15. Où est Dieu (1re partie).
16. Où est Dieu (2e partie).
17. Les Trappistes en Afrique.
18. Le petit Trésor des chrétiens
19. Mon retour et mon bonheur (1re partie).
20. Notre-Dame de la Salette.
21. Légendes de Notre-Dame.
22. Mon retour et mon bonheur (2e partie).
23. Où est Dieu ? (3e partie).
24. Notre-Dame d'Alet.
25. Légendes de la Sainte Vierge
26. Le Chrétien dans Jérusalem
27. Réfutation de Renan.
28. Læta.

On envoie *franco* les **trois séries** ensemble contre un mandat sur la poste de **4 fr. 50** c.

S'adresser à M. **Dupray de la Mahérie,** libraire-éditeur, 6, *rue de Médicis*, PARIS.

PARIS. — IMPRIMERIE DUPRAY DE LA MAHERIE
Boulevard Bonne-Nouvelle, 26 (impasse des Filles-Dieu, 5)

Toulouse. — Typographie BAYRET, PRADEL et C

place de la Trinité, 12.

BIBLIOTHÈQUE CATHOLIQUE DE TOULOUS[E]

Cette bibliothèque sera composée de six s[éries]
de deux volumes chacune, qui paraîtron[t]
deux mois en deux mois.

Première série.

1° **Un épisode de la Trappe**, broc[hure]
in-32 de 64 pages.

2° **La voie chrétienne en act**[ion]
(première partie), brochure in-32 de 64 pa[ges].

Deuxième série.

1° **La voie chrétienne en act**[ion]
(deuxième partie).

2° **L'Enfant vertueux**, brochure i[n-32]
de 64 pages.

———

Ouvrages des mêmes auteurs, qu'on trouve[ra dans]
les mêmes librairies.

La Pratique de la Vertu rendue f[acile]
par l'exemple des Saints ; brochure de 64 p[ages]
in-32.

Vie et Martyre de saint Satur[nin]
évêque de Toulouse ; brochure de 64 p. in-3[2].

Exposition mystique, littérale [et]
pratique du Saint-Sacrifice de [la]
Messe ; brochure de 200 p. in-32, prix : 5[0 c. ;]
par la poste, 60 c.

Porte du Ciel ou Nouveau Mois de M[arie],
brochure in-32 de 250 pages, prix : 50 c[. ;]
la poste, 60 c.